Tout savoir sur

L'équitation Western

Textes de
Marc Bainaud

Guides Larivière

Sommaire

Chapitre 1 : État des lieux

Chapitre 2 : La saga western en France

Chapitre 3 : Les origines du cheval western

Chapitre 4 : Les disciplines western

Chapitre 5 : La grande affaire de l'éthologie...

Chapitre 6 : Un cheval idéal western... Combien ça coûte ?

Chapitre 7 : L'équipement du cheval et du cavalier western

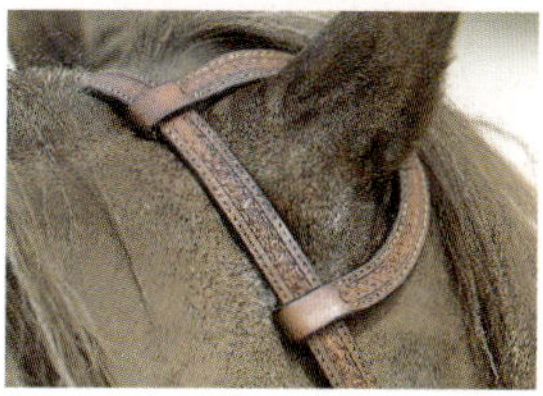

Chapitre 1

État des lieux

Pas de cheval, pas d'équitation ! Il convient donc d'établir, dès les premières lignes d'un ouvrage sur l'équitation, la dimension essentielle du cheval.

Prendre délibérément cette orientation n'est pas anodin… Ainsi nous soulignons d'emblée que la spécificité western est fondée sur une approche équine et non exclusivement équestre du cheval.

Nombre de nos aïeux vivaient avec le cheval. Enfants, ils apprenaient à être plus forts, plus rapides, plus riches grâce aux chevaux. Complices par la volonté du plus malin, l'homme et le cheval entretenaient une connaissance réciproque de leurs qualités et de leurs défauts. Nul doute que leurs relations s'en trouvaient facilitées.

A contrario de nos aïeux, nous ne vivons pas au quotidien avec des chevaux. La mécanisation a distendu, puis rompu, les liens de l'homme avec l'animal. Dorénavant, certains de nos contemporains peuvent passer toute une vie sans monter, ni même toucher, un cheval.

Cheval et équitation sont devenus pour certains un sport, pour beaucoup un loisir, pour tous un produit de consommation.

Le cheval, cet inconnu !

Aussi, le jour de notre rencontre, souvent fortuite, avec "notre plus noble conquête", nous sommes tout à la fois séduits (la capacité de séduction du cheval semble infinie… Peu de gens, fors quelques turfistes atrabilaires et malchanceux, s'avouent hippophobes) et impressionnés, parfois apeurés pour les plus urbanisés.

Nonobstant cette légitime appréhension, les personnes chargées de nous introduire auprès du cheval négligent bien souvent de faire les présentations en bonne et due forme. Comment ne pas évoquer la caricature mille fois rapportée ?... Après nous avoir lâché du bout des lèvres quelques truismes, ces pédagogues, soudain volontiers hurleurs, nous conduisent bien vite dans le manège comme s'ils redoutaient qu'une envie soudaine de nous soustraire à leur férule les condamne à bientôt chômer.

À peine a-t-on le pied à l'étrier qu'ils nous apprennent à nous tenir en selle, à acquérir une bonne assiette, à avancer, à stopper, quelquefois à reculer, à diriger notre monture. Toutes choses fort utiles, indispensables mêmes.

Démocratiser sans moyens, c'est niveler par le bas

Que ces découvreurs de talents détectent des dispositions chez un jeune et ils le pressent de franchir les obstacles pour plus tard, engranger des moissons de médailles… Et ainsi entretenir la gent fonctionnaire qui justifie ses émoluments en tamponnant son aval ou son veto sur toutes nos initiatives.

Mais pourquoi tel samedi matin à neuf heures, tel cheval refuse d'enfiler un licol ou tel autre a peur de

monter dans un van ??? Mauvaises questions ! Chronologiquement déplacées. Inopportunes. “On verra plus tard”, vous promet-on en général. Jamais pour les six débutants sur dix qui abandonnent au cours de la première année d’équitation.
Convenons que la volonté de démocratiser ce sport - noble dessein - bute sur un manque aigu de moyens pour former les enseignants, les rémunérer correctement, constituer et entretenir des cavaleries affectées aux novices etc. Difficile de garantir des prestations de qualité irréprochable quand on doit limiter l’heure de leçon aux environs de vingt euros. Conséquence, l’accueil personnalisé du “client” n’est pas toujours assuré comme il conviendrait. Si nous devons voir là les causes de l’hémorragie de novices, nous devons préciser que cela n’empêche pas l’équitation de se maintenir parmi les cinq premiers sports pratiqués par les Français. C’est dire si nous aimons les chevaux.
Mais le cheval… Qui est-il ? Que dit-il ? Que veut-il ? Voilà bien des questions dont seuls les véritables cavaliers, qui épousent l’animal pour le meilleur et pour le pire et sans limite d’aucune sorte, connaissent la réponse.

Et si avant l’équitation, on apprenait le cheval ?

Voici résumé le drame de cette entreprise - l’équitation en France - qui perd chaque année 60 % de ses clients. Nul doute que le phénomène des chuchoteurs trouve là les origines de son succès. En donnant à penser à nos contemporains que le cheval peut être plus facile, plus rassurant, plus accessible, les nouveaux maîtres, à défaut d’inventer des solutions nouvelles, soulignent combien il est urgent de répondre aux questions.

Peut-on apprendre l’équitation sans apprendre le cheval ? À l’évidence oui. Comme on apprend à conduire une automobile sans en connaître la mécanique. Aussi longtemps que tout se passe bien… Ensuite, dépanneurs, mécaniciens, psychologues et autres opportunistes mercantis exploitent l’ignorance des équitants d’aujourd’hui.
Une orientation alternative, qui intègre dans les premiers chapitres de sa pédagogie la connaissance du cheval, a donc des chances de rassembler la majorité des aspirants cavaliers. C’est pourquoi, la version western de l’équitation, plus fondée sur la connaissance de l’animal (en général mais aussi en particulier) que sur la maîtrise de techniques d’équitation uniformes, apporte à tous les cavaliers une relation au cheval résolument révolutionnaire. En théorie à tout le moins. Reste aux professionnels à orchestrer la pratique dans ce sens.

Nous devons sans plus attendre préciser que certains partisans de l’équitation classique, pourvus d’une grande connaissance du cheval, ont une approche plus harmonieuse que certains tenants de l’équitation western dépourvus de toute subtilité. Et réciproquement. Bref ! Si effectivement la version western est a priori plus équine qu’équestre, ce sont toujours les hommes qui sont bons ou mauvais, non les orientations qu’ils choisissent.

Les origines du cheval western

Au fil des âges, l’homme a prié, de manière plus ou moins primaire, le cheval de courir, de tirer, de pousser, de sauter, de faire la chasse ou la guerre, de le porter, voire de le supporter…

Le cheval western, par opposition au cheval de course, de trait, d’obstacles etc., est un cheval initialement façonné pour le travail du bétail. Descendantes en droite ligne des chevaux introduits aux Amériques par les conquérants espagnols, les races western sont héritières de sélections et de techniques nécessaires à la conduite de troupeaux beuglants sur les pistes du Nouveau Monde. Les tâches quotidiennes des cow-boys exigeaient qu’une étroite complicité unisse l’homme à son meilleur allié. De l’utile de leurs travaux à l’agréable des jeux qui

NIFERS
116

agrémentaient leurs moments de détente, une équitation et des disciplines ont été créées et codifiées par les bouviers.

Si les bases sont incontournablement identiques à celles de l'équitation classique, l'équitation western n'en présente pas moins de véritables originalités en termes de chevaux, d'éducation, de dressage, de finalité. Pratiquée sur les cinq continents, spécifiquement avec le Quarter Horse (premier stud book au monde), elle répond indistinctement aux attentes des cow-boys (qui continuent à travailler le bétail à cheval dans les ranchs américains, brésiliens, australiens...), des férus de compétitions western (en plein développement, notamment le reining qui a intégré les World Equestrian Games de Jerez en 2002) ainsi que de la multitude de cavaliers de loisir.

Ainsi recyclé, le plus souvent, dans l'équitation en extérieur, le cheval western s'avère idéal en balade ou en randonnée. Ce faisant, il satisfait grâce à ses qualités physiques et mentales - à la demande des cavaliers d'aujourd'hui qui, dans une proportion largement majoritaire (on parle de 90 %) souhaitent simplement conjuguer plaisir et sécurité en pleine nature.

Les races de chevaux américains - Quarter ou Paint Horse et Appaloosa - sont bien sûr celles à qui l'on pense spontanément à l'évocation du cheval western. Cependant, et contrairement à ce que les supporters du Quarter Horse - on les comprend - affirment depuis que cette race est arrivée en France, on peut pratiquer l'équitation western (dans sa version loisir comme dans sa version compétition) avec d'autres races de chevaux qui présentent des qualités comparables. C'est le cas avec les camarguais, les purs-sang arabes. Les Halfingers...

Vous le constatez, nous avons d'abord parlé du cheval avant de parler d'équitation. C'est tout simplement que c'est le cheval et non sa race mais ses aptitudes innées ou acquises qui font le cheval western donc l'équitation western.

L'équitation western

Ses techniques, mises au point et codifiées par les cow-boys américains pour le travail quotidien avec le bétail, ont évolué jusqu'à satisfaire idéalement l'équitation de pleine nature d'une part, les compétitions sportives issues des jeux d'adresse dans lesquels les cow-boys aimaient à rivaliser de l'autre.

Lettre ouverte aux pionniers français de l'équitation western...

Ouvrez les portes de l'équitation western au plus grand nombre

Sachez accueillir les cavaliers de quelques horizons qu'ils viennent. Montrez-leur des images honnêtes et séduisantes de ce que vous aimez. Cessez de leur imposer de se fondre dans un moule à votre image. Soyez tolérants.

Dès lors, nombre d'entre eux auront envie de se mettre à l'équitation western. Peut-être qu'au début, par ignorance ou faute de moyens, ils garderont leur cocktail de prairie, leur selle de pied tendre, leurs bottes en plastique. Mais à force de côtoyer des gens qui misent sur la qualité de leur cheval, de leur équipement, de leur look (donc des gens tout à la fois heureux et exemplaires), ils finiront d'eux-mêmes par investir dans un cheval, dans une selle, dans des bottes... authentiques.
Ensuite, adviendra le fameux effet boule de neige.
À leur tour, ils donneront à leurs connaissances l'envie de découvrir, d'essayer, d'adopter.
Et l'équitation western connaîtra en France comme en Europe le succès que ses qualités lui promettent.
Il suffit juste de ne pas les écœurer le premier jour par une attitude suffisante ou agressive.

Je garde en mémoire ma première conversation avec un professionnel de l'équitation western. Déterminé à défendre une équitation western de qualité, il m'exposait ses craintes face à la démocratisation concomitante au développement. Il ne manquait pas d'arguments pour défendre sa conviction qu'il fallait le maîtriser.
"Pour faire du judo, vous devez mettre un kimono. Pour faire de l'équitation western, vous devez monter un Quarter Horse.
C'est trop cher ?
Mais à combien estimez-vous la réalisation de vos rêves ? On ne peut pas fabriquer des Rolls au prix des 2 CV pour pouvoir en donner une à chacun".
Exposer comme cela, on comprend la tentation de rester entre initiés. Pourquoi pas. Mais il faut être cohérent. Si vous voulez des clients, il faut les prendre comme ils sont. Et en avoir suffisamment pour qu'ils financent votre intégrité pour ne pas dire votre intégrisme.
Que faire alors ? Conserver le contrôle de ce qui entre et sort comme les gardiens du temple ?
Voilà bien un bon moyen de rester en soi.
Ouvrir les portes ? Et bien des affreux, plus opportunistes que puristes, vont vous envahir et dénaturer ce que vous avez mis tant de passion à construire.
Quadrature du cercle. Vous autres pionniers ne la résoudrez pas. Trop de passion. Pas assez de raison. Et cette certitude que vont dans le mur tous ceux qui ne se plient à vos sentences.
Vous avez œuvré pour donner une Histoire à vos rêves. Vous avez, entre indifférence et hostilité, introduit le cheval américain et la monte western au pays du percheron, du selle français, du Cadre Noir. Bravo !
Mais les temps changent. La main passe.
Les précurseurs qui, par nature, ne changent jamais, doivent laisser les suivants piétiner leur héritage, se l'approprier. Les jeunes déboulent, vivent leur actualité à chaud, laissent leurs aînés à leurs regrets.
En toute hypothèse, c'est trop tard.
Le désir d'équitation western se répand dans le pays. Les plus futés d'entre vous vont accompagner le mouvement et récolter les fruits de leur travail. Ceux qui le sont moins s'épuisent déjà à lutter contre le courant.

La passion, pour se transmettre, doit céder à la raison. Une nouvelle génération arrive. Elle est moins américanophile. Elle n'a pas grandi avec John Wayne et Patsy Cline. Mythes, légendes, folklores, culture comptent moins que les sensations que procurent le sport. Et l'équitation western, comme les challenges modernes, (sports extrêmes, de glisse, de vitesse) a tout pour faire vibrer les initiés. L'équitation western - voilà le changement fondamental - n'est plus un choix d'anticonformiste américanolâtre. C'est un sport fun.

La Fédération l'a bien compris qui édicte des règles, impose des précautions, formalise des épreuves, régularise même la liberté.
Il est alors permis aux anciens d'affirmer avec un trémolo de nostalgie que de leur temps, Mosssieur, c'était autre chose.

Ainsi va le monde.

Ainsi compte-t-on, selon les critères que l'on retient, une vingtaine de disciplines (l'AQHA en a agréé 24, anglaises ou western). Les principales sont pratiquées en France avec plus ou moins d'audience.

Le reining, aujourd'hui reconnu par la FEI (Fédération Équestre Internationale), fait à l'évidence figure de discipline reine.

Le barrel racing, plus accessible, s'apparente à un spectacle et connaît un essor fulgurant. D'autres épreuves de vitesse comme le pole bending ont leurs adeptes. Celles liées au travail du bétail - spécifiquement le team penning (très démocratique) et le cutting (plus élitiste) - sont chaque année de plus en plus "tendance".

Le trail, le western pleasure, le western horsemanship, peu spectaculaires, demeurent confidentielles. C'est dommage tant elles sont fondamentales.

Mentionnons également les présentations de modèles et allures : halter, showman ship...

Il existe un certain nombre de déclinaisons peu usitées dans l'hexagone : western riding, working cow horse... Voilà pour la compétition.

L'esprit western

En France, pays de forte tradition équestre, la version western de l'équitation souffle comme un vent exogène, iconoclaste, libertaire.

Cependant, la tentation - sournoise - d'opposer classique et western a entretenu, tout au long du dernier quart de siècle écoulé, l'idée fallacieuse que l'une entendait fermer les portes à l'autre. Force est d'admettre que ce prétendu ostracisme offrait aux instigateurs de cette rumeur une posture idéale pour

noyer leurs complexes face aux grandes figures militaires ou civiles qui portent haut l'art équestre tricolore sur la planète cheval.

Ces allégations, pour idiotes qu'elles fussent - tant on ne parvient pas au sommet d'un art sans un extraordinaire esprit de curiosité qui incite à s'intéresser à toutes les cultures et toutes les techniques -, n'en ont pas moins contenu l'équitation western dans la marginalité. Ainsi quelques dinosaures dénonçaient cette pseudo marginalisation tout en s'appliquant à ce qu'elle subsiste.

Il n'y a pas si longtemps, certains pionniers de l'équitation western en France soutenaient encore que "les gens du classique en général, ceux de la Fédération en particulier" complotaient pour "étouffer dans l'œuf l'équitation western". On sait désormais que la FFE dans cette affaire est fidèle à sa mission. Qu'un nombre croissant de cavaliers expriment le souhait de pratiquer une équitation et la fédération intègre ce constat. Elle s'applique ensuite à y répondre en terme de formation des enseignants et d'organisation de championnats. S'il y a lieu, elle accompagne les meilleurs réunis au sein d'une équipe nationale. Toutes proportions gardées, soit compte tenu de la population concernée (le nombre actuel de membres encartés dans les différentes associations de disciplines western), la FFE consacre plus de temps et d'énergie à l'équitation western qu'à l'équitation classique. C'est la sympathie du DTN Olivier Le Page pour le western qui favorise cette reconnaissance et met en place les bases du développement.

De la marginalisation à l'intégration

C'est ainsi, en intégrant le giron fédéral, que l'équitation western va prendre sa place dans la grande famille du cheval français.

Hier en marge, aujourd'hui en voie de régularisation, voire d'intégration, l'Équitation western conserve, pour beaucoup, un goût épicé. La choisir c'est affirmer une volonté anticonformiste. L'empreinte américaine de l'équitation western - et donc le côté peu formel de nos amis d'outre-Atlantique (c'est-à-dire libéré du poids des traditions) - apparente le terme western à celui de liberté.

Donc être western, c'est être libre. Alors l'équitation western est en libre accès à tous ? Théoriquement oui. Dans la pratique, c'est plus complexe.
Les Français, qui se sont donnés pour mission de vendre à leurs compatriotes l'Amérique western, entendent décerner des brevets de bonne conduite

western. Êtes-vous western ? Avez-vous un cheval, une selle, un esprit, des bottes western ? Plus précisément, êtes-vous disposé à m'acheter tout cela au prix fort ? Si, oui, vous êtes les bienvenus. Si non, vous ne méritez pas que l'on vous décerne l'étiquette western. Vous n'êtes pas western. La secte ne veut pas de vous.

Exagération ? À peine. Ce n'est pas toujours aussi caricatural. Encore que. On nous a rapporté qu'un néophyte qui demandait à un professionnel de lui apprendre l'équitation western s'est entendu répondre : "revenez me voir quand vous saurez monter".

De l'Amérique, certains Français ont une vision… franchouillarde. Il est vrai que la société française ne vous apprend guère ce qu'est la vraie liberté, celle de gagner ou de perdre, dans l'un et l'autre cas par sa seule responsabilité.

Équitation western ou équitation américaine

Américain. *Le petit Robert* nous propose cette simple définition : "de l'Amérique".
Et l'Amérique n'est rien moins qu'une des cinq parties du monde. Elle s'étend de l'Arctique au nord (Canada) au voisinage du cercle polaire antarctique au sud (Argentine) sur plus de 18 000 kilomètres.
Et chacun de ces kilomètres est "américain".
Ce qui vaut pour les kilomètres ne donne qu'une idée approximative de ce dont on parle quand il s'agit d'équitation.
Si l'on veut être exact, on ne peut qualifier avec le même adjectif l'équitation du Wyoming et celle de la Patagonie. Cow-boys, indiens, gauchos, huasos, charros…
tous ces peuples cavaliers ont développé leur propre culture du cheval.
Et tous méritent considération dans la mesure où tous les hommes de chevaux ont quelque chose à apprendre à tous les hommes de chevaux.
C'est l'expérience de tous qui fonde la connaissance du cheval sans laquelle il n'y a de bonheur ni d'art équestre.
L'équitation américaine est une expression aussi peu signifiante que l'équitation européenne ou asiatique.
On dira mieux : "équitation western".
Et cette équitation, originale et parfaitement codifiée, repose tout à la fois sur une approche équine et sur des techniques précises.
N'allez pas croire qu'elle est plus ou moins facile qu'une autre. C'est le cavalier dans sa quête de la perfection qui détermine la complexité.
Chacun a toujours le choix de poser divers qualificatifs sur sa manière de faire ou de ne pas faire, quelque part entre "nul" et "excellent".

Chapitre 2

La saga western en France

Le Quarter Horse est un des plus beaux cadeaux que les États-Unis aient fait à la France.

Imbus de leurs natures messianiques, complices donc, la France et les États-Unis ne laissent pas de s'engueuler comme un vieux couple. Chaque conflit est une preuve d'amour déçu. Depuis que La Fayette et Benjamin Franklin ont fait le lit d'un amour transatlantique, il y a toujours de part et d'autre de l'océan des Américains et des Français pour entretenir la flamme d'une passion réciproque.
La culture western est une des composantes fondamentales de l'Amérique. Et tous les mythes, histoires, légendes liés à la Conquête de l'Ouest nourrissent depuis plus d'un siècle mille et un engouements français.

Bien avant l'équitation western, nous parviennent le folklore, le cinéma, la Grande et les petites histoires, la culture de l'Amérique.
En Europe, en France spécifiquement, l'histoire de l'Ouest américain et ses légendes nous sont contées (quasiment en temps réel) par des écrivains - François René de Chateaubriand, James Fénimore Cooper, Mark Twain -, bientôt secondés par des norias d'artistes que notre suffisance, très "monde ancien", qualifie de mineurs… Majeurs ou mineurs, ils ont été et restent des légions à nous narrer dans moult ouvrages (et autant de supports), les péripéties valeureuses ou misérables de l'invention du Nouveau Monde.
Le cheval, en phase de croisement, en devenir donc, présentement polymorphe, indistinct, est alors simplement le compagnon indispensable des héros. Mieux, le cow-boy devenu mythe n'existe pas sans son cheval.

Buffalo Bill, premier VRP de la culture américaine

La figure emblématique de cette épopée humaine à nulle autre semblable, William Cody, mondialement connu sous le nom de Buffalo Bill, est sans doute celle qui a donné à de nombreux Français une inextinguible passion de l'Amérique et de ses mythes fondateurs.
Dès 1889, lors de sa première tournée en France, cet ambassadeur nous a non seulement vanté son Amérique, mais aussi, mais surtout, a-t-il réussi le tour de force de donner à tous les enfants de tous les pays et de toutes les générations l'envie éternelle de jouer aux cow-boys et aux indiens. Comme si l'histoire de l'Amérique, ses mythes, ses valeurs étaient aussi, indéfectiblement, celles de tous les humains.
Le Wild West Show, premier produit d'exportation de la culture de masse américaine, a semé en Europe les graines de la western attitude. À cette époque, le public européen est friand d'exotisme et son enthousiasme balaie le désarroi des critiques.
Plus d'un siècle plus tard, peu n'éprouve pas pour les allégories qu'elle véhicule une sympathie spontanée. Pourquoi ? Parce que la western attitude, vulgarisée par le genre cinématographique western, donne vie au fantasme universel d'une société fondée sur l'aventure pour la liberté. Et c'est toute l'originalité de la construction de la civilisation américaine, qui puise autant à la comédie qu'à la tragédie et toujours à l'héroïsme.

À peine Buffalo Bill a-t-il popularisé l'Amérique en Europe, qu'une vague western déferle en France.
Dès les années qui suivent, des aficionados vont semer les premières graines d'une passion que le temps, loin de l'éteindre, n'a de cesse d'aviver.

Trois "éclaireurs" creusent nos fondations western

Les historiens s'accordent à distinguer, dès les premières heures du vingtième siècle, trois "éclaireurs" à l'origine des mouvements western qui depuis se succèdent dans l'hexagone : le marquis Folco de Baroncelli, Joe Hamman, Paul Coze.
Le premier fut un chantre de la Camargue donc un

C'est Buffalo Bill qui fut le premier représentant de la culture américaine en Europe.

passionné de chevaux et de taureaux. Il a rencontré Buffalo Bill en 1906, en Arles, où celui-ci se reposait avant de terminer une grande tournée européenne. Sa sympathie pour cette légende vivante l'incita à promouvoir chez nous la glorieuse Amérique.

Le second, féru de cinématographe alors en plein essor, tourne en Camargue, dès 1908, des westerns français. Dans la foulée, cet acteur-réalisateur qui passe pour le "précurseur" des mouvements western en France, crée le premier club : la "Blue Star Association". Cette initiative, interrompue en 1914 pour les raisons que l'on devine, trouve un second souffle trente ans plus tard.

Le troisième, Paul Coze, a créé dans l'intervalle, en 1933, le "Club du lasso". Cet ethnologue, spécialiste des Amérindiens et écrivain fut également peintre à ses heures et… consul de France en Arizona.

Ces trois pionniers, sans même se concerter, vont inoculer au cours de la première partie du siècle écoulé le virus western à celui qui, aujourd'hui, reste tout à la fois la mémoire vivante, le témoin, l'acteur des mille et une péripéties de l'introduction de la western attitude (culture, équitation et esprit) en France : Serge Holtz.

Libération de la France, merci et welcome l'Amérique !

Une fois la Seconde Guerre Mondiale enfin terminée, le contexte apparaît plus que jamais favorable à l'Amérique western. Les G.I. cantonnés en Europe élargissent nos horizons. Une culture jeune explose : musique, cinéma, bande dessinée… Les notes de rock n roll qui s'échappent des transistors annoncent qu'une révolution des mœurs est en marche. Les teenagers s'affranchis-

Serge Holtz

Le grand témoin de l'épopée de la western attitude en France

Cet homme passionné et passionnant vit depuis bientôt quatre-vingt ans par et pour sa passion du cheval, spécifiquement du cheval de cow-boy. Comme nombre d'hommes de cheval, il est tombé, petit, dedans. Formé classique par d'illustres mentors, il dévie irrésistiblement et incline bientôt à l'équitation de travail. Adolescent nourri de vraie culture américaine - London sur papier ou Ford sur écran - il a douze ans lorsqu'il rencontre Paul Coze. Serge a trouvé un ami et un maître.
En 1953, il fonde "Les Amis du Far West" pour promouvoir l'équitation western au pays de La Gueriniѐre. Vaste programme ! La même année, lors d'un séjour au Wyoming, il rencontre un écrivain western - Charles Belden - qui lui ouvre les portes des ranchs. Le rêve devient réalité.
Parallèlement, le "Club hippique du lasso", basé au Jardin d'acclimatation, est affilié par la Fédération Française des Sports Equestres. Sans doute doit-on voir dans cette reconnaissance fédérale les prémices de l'intérêt pour les équitations d'extérieur, donc pour le tourisme équestre.
En 1972, pour le premier Salon du cheval qui se tint alors Place de la Bastille, c'est Serge Holtz qui représente l'équitation western.
Tout au long de sa vie, il n'aura de cesse de partager la vie des cow-boys en multipliant les voyages outre-Atlantique (Canada et États-Unis).
Les milles méandres de son riche parcours vont aussi le conduire au Mexique où, là encore, les traditions liées à l'équitation de travail des cow-boys locaux - les charros - vont le séduire et le passionner. "Le cow-boy doit tout au vaquero", a-t-il coutume de rappeler. À leur contact, il participe à de nombreux rodéos et autres charrerias et devient un des plus habiles qui soit dans le maniement du lasso. Au fil des années, à l'occasion de nombreux échanges avec des chefs et des chamans indiens (sans exclusive de nation), Serge Holtz va se forger une connaissance à nulle autre semblable des us et coutumes, des splendeurs et misères de ces peuples. Grâce à ses relations privilégiées, il possède aujourd'hui une vision globale des civilisations amérindiennes.
Entre deux sollicitations - spécialiste oblige -, il coule maintenant des jours heureux dans son pays d'adoption, un pays de cheval et d'équitation de travail : la Camargue of course.

sent de la férule parentale. Tout ne sera plus jamais comme avant. Dans le même temps, nombre d'opportunités se présentent pour célébrer la geste de l'Ouest avec une place progressivement plus large, et plus juste, pour les Indiens.

Début des années soixante, une poignée d'irréductibles westerners fondent dans la capitale le Paris Western Club. Mike Perret est une des chevilles ouvrières de cette association de passionnés. À l'Ouest (of course) de Paris, il fonde un premier ranch. Après son labeur quotidien, il laisse sa panoplie de dessinateur en architecture pour endosser sa tenue de prédilection : celle du cow-boy. Sa cavalerie est alors composite. Qu'importe. Il débourre, éduque, dresse, plonge corps et âme dans le travail d'un ranch, monte des spectacles, organise des randonnées et se fait prosélyte de sa passion de l'Ouest américain. Parmi ses disciples, tous aiment le folklore western, peu sont cavaliers. Il s'en faut. Mais pour participer aux spectacles, la plupart fera preuve de la rigueur nécessaire à l'apprentissage des bases de l'équitation. Un noyau dur de collectionneurs s'agglomère à lui. Personne n'avait mis les pieds en Amérique. Tous en rêvaient. Et tous étaient déjà plus américains que les Américains. Pas question de monter à cheval sans un équipement irréprochable du point de vue de l'authenticité. Après une randonnée mémorable sur les Causses, le groupe décide de créer un site où vivre tous ensemble leur passion. De cette volonté va naître le fameux Montana Ranch. "Les deux premières années, confie Mike, nous avons vécu au XIXe siècle américain".

Mike Perret et le Montana Ranch, l'Amérique western aux portes de Paris

En 1972, Mike et quelques autres franchissent l'Atlantique pour la première fois. Une fois reçus à leur examen de passage en classe western (les Américains savent que c'est au pied du cheval - fougueux - que l'on reconnaît le vrai western horseman), Mike et ses amis ont multiplié les voyages, démultiplié les connaissances. Ainsi Mike, bientôt initié à toutes les subtilités du métier de vacher, est-il devenu le premier cow-boy français de l'ère moderne. Ce qui lui permet à son tour de former nombre de néophytes.

Il semble que le premier Quarter Horse naturalisé français ait mis les pieds chez nous en 1970. Ce sont les parents de Marie-Noëlle Bruno (aujourd'hui enseignante dans la région Centre) qui en ont fait l'acquisition lors d'une vente aux enchères de chevaux de rodéo. C'était un hongre du nom de Golden Hornet, né en 1962 dans l'Idaho. Il sera le premier d'une longue liste dont on distingue donc les premières traces dès le début de ces années soixante-dix. Inutile de préciser que les Américains et les Canadiens ne laissaient pas filer leurs meilleurs éléments...

Un temps Mike Perret a été cascadeur à la Vallée des Peaux-Rouges qui deviendra le passage incontournable de tous ceux qui, à cette époque, entendent donner à leur rêve d'Amérique authentique, un semblant de concret. Cependant, même si les finalités des métiers de cow-boys et de cascadeurs divergent, l'un et l'autre sont également ardus et formateurs pour qui veut se coltiner avec les chevaux.

Dans ces années "glorieuses", c'est moins les spectacles ou les événements qui prennent l'Ouest américain pour thème qui entretiennent le culte de l'Amérique des pionniers que les westerns... John Wayne, James Stewart, Gary Cooper, Richard Widmark, Kirk Douglas, Henry Fonda, Anthony Queen, Burt Lancaster, Grégory Peck et même Marlon Brando - tous les plus grands acteurs américains - ont gravé dans la mémoire des enfants du siècle, un amour spontané pour des histoires d'hommes libres, de chevaux fougueux, de grands espaces, d'Amérique.

Nourrie de pellicule western, une nouvelle génération aborde le dernier quart du siècle écoulé

avec l'envie pressante de relancer la western attitude. En France, à cette époque, le Quarter Horse brille par son absence. En plus de la bande du Montana Ranch, seuls quelques avant-gardistes vivent heureux, vivent cachés, leur passion western dans des ranchs de fortune qu'ils ont bricolés au fond de nos campagnes. Ils s'adonnent à un discret américanisme (admiration et imitation des modes de vie états-uniens). La plupart n'entendent rien aux chevaux.

Années soixante-dix... le western s'organise

Dans le sillage des étoiles d'Hollywood, un groupe neo-western émerge quelques années plus tard. On trouve sur de vieilles photos en noir blanc les profils, moustachus, de personnalités aujourd'hui bien connues. Entre autres les frères Blanc Dumont, Dominique et Michel. Naturellement rencontrent-ils Mike Perret au Salon du Cheval. Puis Dominique Genais et Jean-Claude Michelon. Une nouvelle bande se forme, achète des chevaux, randonne en forêt de Maisons-Laffitte en grand apparat western. Ce groupe, sous l'influence de Dominique Genais, se veut puriste. Ils cherchent dans les bases américaines encore implantées outre-Rhin où sont organisés des rodéos, à toucher du doigt l'Amérique.

Mike Perret, fondateur du Montana Ranch dans l'Eure, conjugue depuis toujours la passion western sur le mode de l'authentique.

En 1977, la troupe met le cap à l'Ouest. Aux États-Unis, elle trouve la confirmation qu'il existe bel et bien une autre approche du cheval, plus en phase avec leur sensibilité. De retour sur le Vieux Continent, ils rencontrent un californien, Tom Mayer, qui fera beaucoup pour la formation à l'équitation western de nos amis. Le terme n'est jamais prononcé, mais son enseignement s'apparente à ce que l'on appelle désormais l'équitation éthologique.
Plus tard, la bande se constitue en association. En hommage à la "Blue Star" du début du siècle, elle la baptise "Lone Star". Ses membres, déterminés à se distinguer des westerners (parfois) de triste renommée, s'appliquent à donner une image irréprochable. Chevaux et cavaliers étaient impeccables.

Parallèlement, la presse équestre a commencé, du bout de la plume, à aborder la version western de l'équitation. En 1979, à l'initiative d'un trio de volontaires, celle-ci force les portes du salon du cheval. Plus précisément, Guy Duponchel, Yonnel Estival et Patrice Graindorge ont cassé leur tirelire pour s'offrir un espace où promouvoir l'équitation western. Ils n'ont eu de cesse au cours des années qui ont suivi de multiplier les démonstrations pédagogiques. Force est d'admettre bien volontiers, vingt-cinq ans plus tard, qu'ils ont accompli au fil des années un travail important et décisif pour présenter l'équitation western à nos compatriotes. Maintenant qu'elle est bien connue, le maintien d'un hall spécifiquement western ne se justifie plus. À l'inverse, il fonctionne désormais comme un village gaulois. Le western semble barricadé sur ses certitudes, fermé à la critique, englué. Aussi est-il temps de l'intégrer dans la grande famille du cheval, donc de le mélanger à toutes les autres disciplines et sensibilités. C'est le seul moyen pour enfin dépasser les limites d'une audience par trop confidentielle.

À l'orée de la décennie 80, naît l'AFEA (Association Française d'Équitation Américaine) qui s'emploie à susciter des concours et un championnat de France.
En 1981, Michel Blanc Dumont crée l'AFQH (Association Française du Quarter Horse). Cette filiale française de l'AQHA (American Quarter Horse Association) sera reconnue par sa maison mère en 1984.
Dans ces années-là, le Président Blanc Dumont donne le bon exemple en engageant son fameux Quarter Horse - Genie's Bar - dans toutes les disciplines de toutes les compétitions. Ce cheval, tout à la fois très beau et très nouveau sous nos cieux donne à tous ceux qui l'admirent, une irrésistible envie de Quarter Horse.

Trente ans de pédagogie furent nécessaires

Tout au long des eighties, les Français vont découvrir avec curiosité et intérêt les chevaux américains. Un sliding stop, un spin les épatent. Mais surtout, ce qui les enthousiasme, c'est la capacité des Quarter Horse à demeurer immobile, rênes pendantes, sans bouger une oreille aussi longtemps que leur cavalier ne les mobilise pas de nouveau.
Parallèlement, et c'est la première fois avec une telle ampleur, on voit éclore, ici où là, des ranchs tenus par des gens qui, après avoir été chercher à la source - Québec ou États-Unis - tout à la fois les connaissances élémentaires et une sorte de brevet de noblesse western, s'auto proclament spécialistes de la monte américaine, voire pour les plus bravaches, entraîneur. Certains sont effectivement plein de talents, d'autres, tels des rois borgnes chez les aveugles, font facilement illusion.

En 1990, l'AFEA disparaît. L'AFEW (Association Française d'Équitation Western) apparaît. Mais le développement, miné par des luttes intestines, des pratiques interlopes, des lassitudes manifestes, marque le pas. Les énergies sont démobilisées. Le relancement de la machine prend du temps.
En 1993, José-Luis Lopez Nunez, homme de convictions et de dossiers s'il en est, est nommé

Michel Blanc Dumont, célèbre dessinateur de bandes dessinées, créateur inspiré de Jonathan Cartland, continuateur de Blueberry, est aussi, et surtout, un amoureux du Quarter Horse.

Président. Sous son règne (qui perdure) de profondes réformes sont entreprises, des chantiers fondamentaux sont ouverts. Spécifiquement celui de la formation des enseignants, la création de centres équestres spécialisés, l'émergence de conditions économiques favorables au développement. Préalable : il fallait essayer de fédérer la famille autour de ses intérêts. "L'union fait la force ! Ca va de soi !", dites-vous. Non, pas pour tout le monde. Cependant, l'AFEW est parvenue à paraître représentative. Dès lors, elle fut invitée à dialoguer avec la Fédération.

Dans un pays aussi administré que le nôtre, personne, fors les titulaires d'un brevet d'état, n'a le droit d'enseigner. Ils navigueront donc plusieurs années dans un vide juridique entre tolérance et irrégularité, jusqu'à ce que des tractations aboutissent à la délivrance par les instances fédérales d'une vingtaine d'AQAEEW (Attestation de Qualification et d'Aptitude à l'Enseignement de l'Équitation Western). Beaucoup d'autres postulants ont été tenus à l'écart de cet affranchissement par leurs propres pairs de manière à limiter l'accès au gâteau western. Cette attitude qui s'apparente au protectionnisme en économie a pesé, et pèse encore, sur le développement d'une prospérité western. Fallait-il profiter à une vingtaine d'un petit gâteau ou convier tous ceux qui le souhaitaient à générer un gros gâteau ? En toute hypothèse, voilà une attitude fort peu américaine. Laissons à chacun le soin de méditer cette loi économique. Cependant, en 1997, l'équitation western est reconnue par la FFE. Un an plus tard, l'AFEW est affiliée à la DNSE (Délégation Nationale aux Sports Équestres). Le principe des

AQAEEW a été entériné par arrêté ministériel. Nonobstant qu'il y ait eu alors entre 20 et 30 personnes titulaires de cet ersatz de diplôme, on doit toujours déplorer la difficulté récurrente de trouver, à proximité de son domicile, un enseignant tout à la fois habilité, pédagogue, motivé par la transmission du savoir. La plupart des personnes "qualifiés et aptes" entendaient exercer les nobles fonctions d'entraîneur de reining. Outre cette prétention plus ou moins justifiée à l'aune de ce qui existe dans d'autres pays, on conviendra que la majorité des professionnels westerns devaient, comme leurs confrères classiques, boucler des fins de mois difficiles.
Nous touchons encore là au problème de la démocratisation de l'équitation. L'intention est louable. Mais les conditions de sa réalisation ne sont pas réunies. Pour pouvoir dispenser un enseignement de qualité, on doit disposer d'une cavalerie de qualité. Et entretenir un piquet de chevaux uniquement dévolu à l'enseignement implique une immobilisation financière lourde associée à d'énormes frais. Et que dire des salaires consentis aux personnels ? Dans une perspective qualitative, le prix moyen d'une heure d'équitation, 20 euros, devrait être au minimum doublé. Qui voudrait ou qui pourrait payer cette somme ? La question est-elle bonne ou mauvaise ? Ni bonne ni mauvaise, simplement inopportune, voire déplacée. Plutôt que d'y répondre, on a décidé de poursuivre dans la voie de la démocratisation fût-ce au prix d'un bradage de la qualité aussi préjudiciable aux clients élèves qu'aux chevaux et même aux enseignants.

Les dirigeants des centres équestres, les westerns comme les autres, doivent pour équilibrer jouer sur plusieurs tableaux. Ainsi tel est enseignant mais aussi éleveur voire revendeur de chevaux. Tel autre est entraîneur et assure aussi différentes prestations commerciales ; représentant ou diffuseur de produits d'équipements pour cheval ou cavalier… Et les plus malins ont compris que l'on gagnait davantage d'argent sur les frites et la bière que sur le cheval. Il faut faire flèche de tous bois. Certains y réussissent, d'autres y échouent, peu connaissent la sérénité. Ces conditions stimulent certains, affligent d'autres. Pour autant on ne peut pas dire qu'il y a une sélection naturelle qui laisse la place aux meilleurs. Pour que cette vision darwinienne s'impose, il faudrait qu'il y ait bien davantage de sujets à trier.
En attendant cet essor, on compte toujours plus de déçus, non du cheval, mais de l'équitation telle qu'elle est négligée.

L'heure du décollage sonne

Entre temps, la FFE a décidé de refondre le brevet fédéral pour les enseignants en intégrant l'équitation western. Ce nouveau diplôme qui succède au BEES 1 est intitulé brevet professionnel de la jeunesse, de l'éducation populaire et des sports (BPJEPS). Les jeunes sont invités à le passer pour pouvoir enseigner. Les moins jeunes, dotés d'une expérience professionnelle conséquente, peuvent eux faire valider leurs acquis.
Fin 2004, le contenu pédagogique des unités de capitalisation 8 et 9 (western) est finalisé, signé donc validé par les ministères de tutelle, gravé dans le marbre. Cependant un aspirant enseignant âgé de vingt ans par exemple qui souhaite se soumettre à un examen officiel pour décrocher le diplôme adéquat peine à trouver des professeurs.

Faute d'intervenants (BEES 1 ou AQAEEW) volontaires pour intégrer, moyennant rétribution, les organismes de formations (CREPS ou établissements privés) habilités pour dispenser les unités de capitalisation 8 et 9, la machine à délivrer les diplômes est en panne d'essence.
Quand enfin, les différentes parties en présence évolueront sur le même terrain d'accord, des dizaines d'enseignants, tout à la fois formés, compétents, motivés, diffuseront largement les techniques et l'esprit western. Dès lors, cette équitation connaîtra un développement fulgurant car elle est de nature à combler les attentes des cavaliers d'aujourd'hui. À suivre donc !

CHAPITRE 3

Les origines du cheval western

Rec Star, étalon Quarter Horse
(propriétaire Élisabeth de Corbigny).

Christophe Colomb est à l'évidence un des personnages clef de l'histoire de l'humanité. En découvrant, en 1492, ce qui allait devenir l'Amérique, il a ouvert un nouvel horizon. Or le destin de l'homme est étroitement lié à celui du cheval et réciproquement. Ainsi les étalons et poulinières qui prirent pied à ses côtés sur les rivages de la *terra incognita* allaient connaître également une destinée exceptionnelle.

Si les spécialistes distinguent les premières empreintes de sabots équins dans les vertes prairies américaines cinq cent mille ans avant cet ouvrage (pour disparaître totalement il y a onze mille ans), ils s'accordent à considérer que les chevaux d'aujourd'hui descendent en droite ligne des andalous (mélange de sang arabe - barbe notamment - et espagnol) qui aidèrent les Conquistadors à subjuguer les empires précolombiens. Les Français ensuite, puis les Britanniques, ont abordé les rivages américains avec les chevaux réunis par les remontes de leurs armées. On devine combien elles pouvaient être hétéroclites en terme de race.
Au fil des ans, les colons à l'Est puis les pionniers en route vers l'Ouest inventent un Nouveau Monde placé sous le double signe - vu du Vieux Continent, c'est un paradoxe - de la liberté et de la religion. Les uns et les autres sculptent dans l'inconnu un futur à l'image de leurs rêves. Pour ces défricheurs, l'aide des équidés s'avère indispensable.

Beaucoup sont affectés, entre autres tâches, à la surveillance du bétail. Équins et bovins déambulent sur des milliers d'hectares de terres vierges.
Des chevaux dérobés par d'intrépides tribus amérindiennes apprennent la chasse et la guerre et favorisent parfois le passage de la sédentarisation au nomadisme. On sait que le cheval a profondément bouleversé les us et coutumes de ces populations.
D'autres enfin (ils seront connus sous le nom de mustangs) prennent la poudre d'escampette et retournent à l'état sauvage.
Mon ami Marc Soulier, spécialiste des chevaux américains et auteur d'un remarquable ouvrage sur le Quarter Horse (ed. Actes Sud) met en exergue un point essentiel : "le retour à un mode de vie originel a offert aux équins une formidable opportunité de se régénérer". L'impérative nécessité de survivre dans un milieu hostile peuplé de prédateurs a notamment développé chez les plus forts les qualités d'endurance hors du commun.

Pendant la conquête de l'Ouest, une multitude de ruts naturels ou de saillies encadrées mélangent tous les sangs. Les éleveurs cherchent à obtenir des chevaux polyvalents, à la fois auxiliaires précieux de l'homme dans ses tâches quotidiennes et rapides dans les courses qui ponctuent la vie de parenthèses festives. Des géniteurs d'exception constituent des lignées prestigieuses. De sélection en sélection, apparaît une ébauche d'idéal. On devine les contours d'un cheval apte à satisfaire les besoins d'une nation en devenir… Il est trapu, compact, robuste, endurant, puissant, véloce… Ce type de cheval accompagne les longues migrations vers l'Ouest.
Ainsi, moult brassages de toutes origines, européennes et américaines, donnent aux cow-boys un socle pour devenir mythe.

Mais la perfection demande plus. Dans l'Est davantage policé, la bonne société commence d'importer de nouveaux chevaux européens. Les besoins sont variés : chevaux de selle, de trait, de poste, de somme, de labour et enfin de course puis de spectacle.
Comme toujours l'agréable talonne l'utile. Bientôt la fièvre hippique gagne. C'est le turf qui figure *panem et circenses* (du pain et des jeux). En tous temps et en tous lieux des audacieux provoquent la Fortune dans l'espoir qu'elle leur sourie. Et le cheval va, court, vole et parfois se venge de sa condition à lui imposée par des parieurs hip-

Quarter Horse palomino, un cheval en or !
(propriétaire Élevage Boudet)

pophobes. N'importe, les courses hippiques sont une composante essentielle de l'évolution de la race chevaline.

Au début du XVIIIe, en Afrique du Nord, des Britanniques ont découvert des étalons qui, croisés aux meilleures poulinières anglaises, vont fonder la race pur-sang, race amélioratrice de tout ce qui a précédé s'il en est.

Une fois franchi l'Atlantique, les descendants de ces chevaux d'exception couvrent bien des juments autochtones dont des poulinières Chickasaws. Cette race de petits chevaux rustiques mise au point par les indiens éponymes était alors considérée comme la plus rapide sur courte distance. En quelques années, ce cheval, devenu infiniment populaire dans le Sud, participe à nombre de courses et se montre imbattable sur 400 mètres (23 secondes environ). La passion pour les sprints sur un quart de mile génère peu à peu l'émergence d'une nouvelle race dotée de caractéristiques anatomiques et physiologiques spécifiques. En filigrane, on devine comme une synthèse idéale - apaisée - de la rencontre entre les andalous et les purs sangs. C'est l'ébauche du cheval western !
Le XIXe siècle sera celui d'une expansion irrésistible selon la destinée manifeste (doctrine propre à légitimer tous les écarts de conduite, selon laquelle ce continent n'existe que pour être colonisé et exploité par les Américains). Sans barguigner, ceux-ci mènent de front le recul de la frontière et la croissance économique... La seconde dépendant étroitement de la première.
Là encore, le cheval joue les premiers rôles. Il est tour à tour explorateur et agriculteur, soldat et commerçant, postier et chasseur... Il installe le chemin de fer qui réduira sa prépondérance comme auxiliaire de progrès dans les années 1860.

Au terme de la guerre de sécession, l'industrie du bétail connaît un essor sans précédent. Dans les ranchs, les éleveurs doivent impérativement multiplier les chevaux pour le convoyage du bétail. À force de croisements, ils réussissent à fixer le sens inné du travail du bétail. C'est une étape essentielle de la genèse du Quarter Horse.

À la veille du XXe siècle, le chickasaw d'une part, le cheval de l'Ouest américain de l'autre, l'un et l'autre issus et mâtinés de sangs divers, muent, se fondent incidemment, donnent naissance à un cheval extraordinairement rapide sur courte distance et performant dans le travail de ranch. Lecteurs, vous le devinez, le Quarter Horse n'est pas loin.

Les races américaines, naissance du Quarter Horse

Pour l'heure il n'est encore question que du Quarter mile runner. Il faudra attendre 1940 pour que Robert Moorman Denhardt organise à Fort Worth (Texas) une réunion d'éleveurs avec l'idée affichée de créer le stud book d'une race qu'il a baptisée dans *Western Horseman* (la revue de référence... c'est le plus important magazine équestre de la planète depuis 1936) Quarter Horse. Ce faisant il donne naissance à la première race indigène.

Dans la foulée, il fixe un standard. Et impulse la création de l'AQHA (American Quarter Horse Association). Il est convenu que le cheval sacré Grand Champion Stallion l'année suivante lors du premier grand concours halter AQHA porterait le numéro un sur le registre Quarter Horse. C'est le fameux Wimpy, né à King Ranch, qui a longtemps incarné la synthèse des critères de qualité propres au Quarter Horse : intelligent, discipliné et pourvu du cow sens.
À la demande, le Quarter Horse idéal est calme ou vif, rapide ou endurant. C'est son riche patrimoine génétique qui lui offre son atout maître : la polyvalence.
En soixante ans, quatre millions de Quarter Horseconformes ont essaimé dans tous les pays.

Le Quarter Horse est une scpulture (King's Valley Quarter Horse).

Marita Estival et le Quarter Horse : deux élégances associées.

Les Quarter Horse répondent aux critères suivants : taille entre 1,50 et 1,60 m, muscles développés, petite tête expressive avec importantes ganaches, petites oreilles attentives, dos plutôt court, rein puissant, garrot peu prononcé, poitrail large, arrière main très développée. Voilà pour le standard.
Les éleveurs, soucieux de répondre aux attentes variées des utilisateurs (des compétiteurs surtout), ont trié parmi les aptitudes, amplifiant certaines, minorant d'autres, de manière à produire des "machines" calibrées sur les exigences de chaque discipline western. On trouve donc des lignées de reining, de cutting etc., sensiblement distinctes les unes des autres. L'amplitude des tailles s'est accrue, les caractéristiques des modèles varient.
Mais le Quarter Horse est aussi, est surtout, un fabuleux cheval d'extérieur. Son caractère, sa philanthropie pourrait-on dire, font de lui un des meilleurs amis de l'homme. Et même des enfants de l'homme qui le montent sans crainte.

Le Paint Horse

Qu'on se le dise une bonne fois pour toutes, le Paint Horse est un Quarter Horse... coloré. Quand en 1940, l'AQHA a défini les standards du Quarter Horse, elle a exclu les sujets présentant " de blanc". Et ce même si les deux parents sont des Quarter Horse dûment validés.

En 1961 et 1962, deux associations furent créées pour donner un cadre à cette variante. Peu après, en 1965, elles fusionnent et donnent naissance à l'APHA (American Paint Horse Association). Dès lors, ses membres fondateurs arrêtent un standard précis. Globalement, il partage les nombreuses qualités du Quarter Horse avec la couleur en plus. Pour être enregistré Paint Horse, le cheval doit être issu de parents eux-mêmes enregistrés à l'APHA, à l'AQHA ou au Jockey Club. Les chevaux issus de Paint Horse sans couleur (solid) sont enregistrés en "Breeding Stock" et les modèles tachés en "Regular Registry".

On identifie trois types de robes. Chaque robe, originale, dessinée et colorée de mille et une manières distinctes, a un dénominateur commun : une combinaison de blancs et de couleurs propres aux chevaux américains : noir, bai, brown, chesnut, dun, gray, grulla, palomino, roan et sorrel. On distingue principalement l'Overo et le Tobiano. Seuls les spécialistes les distinguent spontanément. Cependant, il existe un moyen mnémotechnique... Le cheval est overo si le blanc ne traverse pas le dos entre le garrot et la queue. Le cheval est tobiano si le blanc traverse le dos du cheval entre le garrot et la queue. Il arrive que certains sujets synthétisent les caractéristiques de l'overo et du tobiano. On les appelle des Toveros. On notera que les termes overo et tobiano sont espagnols. Le premier signifie aubère et le second truité.

Aux États-Unis, en 2002, on recensait pas moins de 620 000 Paint Horse. En France la même année, ils étaient environ 750. La race devrait être reconnue incessamment par les Haras Nationaux.

La filiale française de l'APHA (American Paint Horse Association), la FPHA (France Paint Horse Association), présidée par Franck Gilbert, s'applique à donner à l'intérêt que rencontrent ces Quarter Horse à robe pie les conditions d'une implantation réussie. Forte d'une centaine d'adhérents, la FPHA reconnue par les Haras Nationaux. C'est l'interlocuteur incontournable des grands dossiers à l'étude... Elle peut se féliciter d'avoir œuvrer avec succès à la reconnaissance fin 2004, de la race Paint Horse (et d'elle même) par le Ministère de l'Agriculture. Ainsi peut-on s'attendre à ce que de plus en plus de gens découvrent le Paint Horse.
En attendant, un championnat de France Paint Horse a été mis en place dès 2003. Il compte deux manches et une finale qui se déroule dans le cadre du salon Equita'Lyon. Jean-Marie Farina, Claude Gervasoni et Loïc Simon ont été les premiers éle-

Le Paint Horse est un Quarter Horse en couleur.

veurs à truster les récompenses en halter. Ce faisant, ces pionniers ont contribué à valoriser la race via les résultats obtenus par leurs chevaux en compétition. Dommage qu'il n'y ait pas davantage de Paint Horse dans les disciplines montées. Reste Titan Texan (propriétaire Yves Fromont) qui régulièrement porte haut les couleurs des Paint Horse en reining.

L'Appaloosa

Les premières taches sur la robe des chevaux apparaissent dès le fond des âges. L'art rupestre en témoigne. C'est assez dire si l'homme goûte les pelages mouchetés. Ainsi l'Appaloosa est au cheval ce que le dalmatien est au chien, un original qui surfe sur les vogues.

C'est la rivière Palouse qui coule dans les états de Washington et de l'Idaho (en haut à gauche sur la carte des États-Unis) qui lui a donné son nom. La réputation de cavaliers émérites des Indiens Nez Percés (établis sur ses rives) est parvenue jusqu'à nous grâce à l'Appaloosa. Ils appréciaient non seulement cette livrée insolite mais aussi le potentiel de ce cheval qu'ils ont façonné avec une science de l'élevage *ex nihilo* assez remarquable.
À partir d'un cheval rustique et coloré, ils ont optimisé ses qualités : résistance, frugalité, vélocité, puissance.

Les Français aiment le Paint Horse. On en trouve de plus en plus et des excellents tant pour la compétition que pour le loisir.

Le cheval des Nez Percés connaît un succès constant.

En 1877, à la reddition de Chief Joseph, la figure emblématique de cette tribu qui un temps avait échappé à la cavalerie US grâce à ses chevaux, une partie des Appaloosa a retrouvé l'état sauvage, l'autre a été adopté par les émigrants. S'en est suivie une période d'incertitude. Une traversée du désert en somme. La race a manqué disparaître faute d'admirateurs. Mais il en subsista un : Francis Haines, un historien cavalier. En 1937, il a su trouver les mots et les supports de communication pour rallier un large public à la cause de la renaissance de l'Appaloosa.

Six zélateurs constituèrent alors l'Appaloosa Horse Club. Leur but : préciser un historique, recenser les chevaux survivants, distinguer les meilleurs étalons, définir un standard, préserver la race et bien sûr, relancer l'Appaloosa. Une fois le stud book ouvert (le croisement est possible avec le pur-sang arabe, le pur-sang américain et le Quarter Horse), la race a évolué de différentes façons.

On distingue aujourd'hui le modèle d'origine appelé "fondation" et le modèle moderne ou "quarterisé" (via l'apport de sang de Quarter Horse). Les fans du premier vous diront qu'il possède bien des qualités : rusticité, polyvalence, docilité. Le second, plus élégant, n'en est pas moins resté polyvalent et s'illustre aussi bien dans la plupart des disciplines western, qu'en endurance, en course, en loisir et même en saut d'obstacles.

En France, l'Appaloosa compte nombre d'amoureux. Quelque 50 étalons couvrent chaque année entre 150 et 200 juments. Les éleveurs français vont tous les ans (souvent en Allemagne) mesurer leur progrès à l'aune de l'élite lors des Championnats d'Europe Appaloosa. Lors de l'édition 2004, beaucoup ont exprimé leur volonté de se donner les moyens d'aller bientôt contester les médailles aux meilleurs. Ainsi, nonobstant moult rivalités dans le milieu, le niveau évolue.

L'ApHCF, agissant en tant que représentant officiel de l'ApHC, a été créée en 1985. Elle vise à encourager et soutenir les propriétaires impliqués dans la promotion de la race dans toutes les équitations, organiser le concours des Futurities pour valoriser et améliorer l'élevage,

Souvenons-nous de la finale de reining open lors du championnat de France 2000 à Saumur qui a vu le podium occupé par un Quarter Horse (Boggies Upton Girl), un Appaloosa (Im Flash Back) et un Paint Horse (Titan Texan).

Autres races

D'autres races équines peuvent-elles - avantageusement - être éduquées à l'équitation western ? Oui, clairement oui.
Voilà une question épineuse. Le professionnel impécunieux martèle que tous ceux qui ne lui achètent pas un vrai Quarter Horse plein papier sont des... L'amateur impécunieux affirme que son cocktail de prairie est aussi bon, voire meilleur, que le cheval pure race que tel maquignon entend lui vendre au prix du caviar.
Certes, les races de chevaux américains - Quarter et Paint Horse, Appaloosa, leurs dérivés (cremellos, palominos...) - sont les archétypes du cheval western. Et l'équitation western est née du cheval western. Non l'inverse.
Donc disent les éleveurs qui défendent leur fonds de commerce, "on n'achète pas une limousine pour traverser le désert. Non plus qu'un 4x4 avec pare buffle pour faire ses courses place de la Madeleine"... Ce type de jugement à l'emporte-pièce atteste bien de la tentation, très présente dans le landerneau western, de confondre libre propos et intolérance.
Reprenons ! Des chevaux qui présentent des caractéristiques physiques et mentales comparables peuvent, au terme d'une bonne éducation, faire d'honnêtes chevaux western susceptibles de s'illustrer en compétition western pour amateurs.

Appaloosa à robe blancket et léopard (élevage du Sagiran).

Étalon Appaloosa Goer Gotcha.

Les races américaines sont désormais élevées en France sous le signe de la qualité. Ici l'élevage d'Appaloosas du Sagiran.

Souvenons-nous de la finale de Reining Open lors du championnat de France 2000 à Saumur qui a vu le podium occupé par un Quarter Horse (Boggies Upton Girl), un Appaloosa (Im Flash Back), un Paint Horse (Titan Texan).

Nous précisons pour amateurs car il reste difficile d'imaginer qu'en finale du world reining open un Quarter Horse se laisse distancer au score.
En loisir, il en va tout autrement. Nombre de races peuvent être opportunément éduquées western.
Conclusion. Pourquoi se priver du cheval le plus apte à vous assurer performance en show ou plaisir en extérieur ? Il est naturel que les professionnels et leurs relais tiennent ce discours. Nous devons dire quelles sont les options idéales pour conjuguer plaisir et sécurité en compétition comme en loisir. Si rien n'interdit d'informer, chacun reste libre de faire comme bon lui semble sans essuyer de critiques.

Autres affectations

Les chevaux western peuvent-ils - avantageusement - pratiquer d'autres disciplines que western ? Oui, clairement oui.

Si à l'évidence, ils sont les meilleurs serviteurs des disciplines western, certains individus peuvent parfaitement s'illustrer dans d'autres équitations ou disciplines. Tout dépend des sangs dominants qui coulent dans leurs veines. Un Appaloosa qui compte dans ses ancêtres un arabe excellera en endurance. Un autre issu de pur sang courra avec performance contre la montre. Courses de vitesse ou de fond mais aussi horse ball, polo, randonnées tous terrains, attelage, sprint... ils ont tant de talents à exprimer. Et même parfois celui de résoudre la quadrature du cercle... Le cheval western est tout à la fois capable de sprinter sur une courte de distance à plus de 60 km/h que de supporter douze heures durant un cow-boy qui cherche sa vache.

Maintenant, ce cheval réputé intelligent, prêt à apprendre tellement de choses, ne pourra jamais aller au-delà de ses aptitudes. Reste à son cavalier à acquérir un cheval en fonction de ses objectifs. Ou à déterminer ses objectifs en fonction de son cheval. Au choix.

Un cheval et une équitation tous publics

En conclusion, le cheval western n'a pas de frontière, de limites, de réserves. C'est un cheval pour tous. L'équitation qui découle de ce cheval est également tous publics. Si le Quarter Horse, le Paint Horse, l'Appaloosa sont bel et bien les chevaux western emblématiques, on peut avantageusement éduquer nombre d'équidés aux techniques et à l'esprit western. Ainsi ouvre-t-on les portes de la planète western à un plus grand nombre de cavaliers encore. Enfin, à tous ceux qui goûtent peu les disciplines western ou la culture américaine, qu'ils sachent qu'ils peuvent, avec des chevaux western, pratiquer un large éventail de disciplines équestres. Le cheval western, dont les ancêtres sont partis d'Europe pour largement contribuer à l'exploration et à l'invention d'un Nouveau Monde, a connu en Amérique un destin exceptionnel. Hier cheval de cow-boy, aujourd'hui cheval de cow-boy et cheval de loisir, il pourrait bien être demain le cheval qui aide l'homme moderne à renouer avec ses racines donc à devenir meilleur à son contact. Le cheval western est le cheval de loisir par excellence. C'est le cheval de la famille.